AF463176

VENTE

HOTEL DROUOT, SALLE N° 11

Les Mercredi 18 et Jeudi 19 Janvier 1905

A 2 HEURES 1/4

PORCELAINES DE CHINE

Curiosités de l'Extrême-Orient

MEUBLES XVIIIe SIÈCLE

OBJETS D'ART - TABLEAUX

BRODERIES

Me F. LAIR-DUBREUIL
COMMISSAIRE-PRISEUR
6, Rue de Hanovre, 6

M. Arthur BLOCHE
EXPERT PRÈS LA COUR D'APPEL
51, Rue Saint-Georges, 51

EXPOSITION PUBLIQUE

Le Mardi 17 Janvier 1905, de 2 heures à 6 heures

C. CHAUFOUR

8-10, RUE MILTON, 8-10

PARIS

CONDITIONS DE LA VENTE

La vente sera faite au comptant.

Les acquéreurs paieront *dix pour cent* en sus des prix d'adjudication.

Aucune réclamation ne sera admise une fois l'adjudication prononcée.

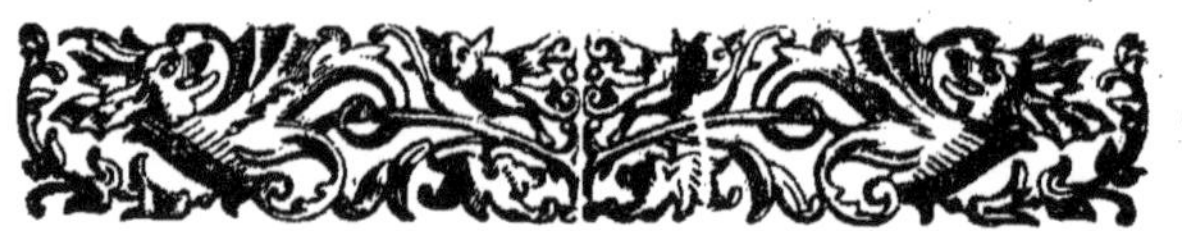

DÉSIGNATION

PORCELAINES. FAIENCES

1 — Paire de vases ovoïdes en porcelaine fond rouge, décor en camaïeu gris, monture, en bronze.

2 — Petit buste de Viala en biscuit de Sèvres.

3 — Vase en porcelaine de Chine, fond vert céladonné, décor de branches de fleurs et d'oiseaux.

4 — Vase en porcelaine de Paris décorée, anses à figures de Sphinx 1er Empire.

5 — Deux tasses et deux soucoupes en vieux Saxe, décor à fleurs.

6 — Deux coupes en porcelaine de Chine montées en bronze.

7 — Grand plat en porcelaine du Japon, monture en bronze doré de style chinois.

8 — Grand vase de pharmacie en faïence de Rouen à décor bleu.

9 — Paire de potiches en porcelaine de Chine, fond bleu, décor à fleurs.

10 — Salière en porcelaine de Berlin à figure d'enfant.

11 — Trois coupes en porcelaine du Japon.

12 — Paire de porte-bouquets appliqués en forme de vases en porcelaine du Japon.

13 — Deux assiettes en ancienne porcelaine de Paris, décor à fleurs.

14 — Deux statuettes de jardinier et de faucon

nier en porcelaine anglaise.

15 — Sucrier oblong avec couvercle en porcelaine à décor de fleurs.

16 — Beurrier avec couvercle en porcelaine, bordure bleue turquoise à réserves de fleurs.

17 — Jardinière en faïence à décor bleu.

18 — Théière en porcelaine de Chine, à décor bleu sur blanc, dans son écrin.

19 — Grande bonbonnière en porcelaine de Chine, à décor de dragons sur fond rouge.

20 — Divinité en blanc de Chine.

21 — Six tasses et soucoupes, théière, sucrier et pot à lait en porcelaine de Chine.

22 — Théière en porcelaine de Chine, à décor de fleurs et oiseaux, dans son écrin.

23 — Deux jardinières forme feuilles de choux en faïence verte.

24-26 — Onze vases ou bols en porcelaine de Chine.

27 — Théière en porcelaine de Chine, à décor rouge sur fond blanc.

28-29 — Six compotiers en porcelaine de Chine.

30 — Deux jardinières décor en émaux de couleur de la famille rose, à réunion de femmes et d'enfants, socles en bois.

31 — Paire de petites bouteilles décor en couleur, à cavaliers dans des paysages, socles en bois.

32 — Paire de petits vases à décor d'entre lacs fleuris sur fond jaune impérial, socles en bois.

33 — Paire de vases de forme applatie, fond vert fouetté et filet noir. Socles en bois.

34 — Paire de vases-balustres renversés, décor à lambrequins, fond vert. Socles en bois.

35 — Deux bouteilles à longs cols décorés de chimères et de dragons sur fond bleu fouetté. Socles en bois.

36 — Deux paires de potiches, décor en polychrome, ornements fleuris sur fond gris, bordure à lambrequins verts. Socles en bois.

37 — Paire de potiches famille rose, décor à figures de femmes et enfants jouant.

38 — Paire de vases rouleaux, décor à réserves de dragons sur fond de pointillé rose fleuri. Socles en bois noir.

39 — Paire de vases, décor en émaux de couleur à rochers et branchages fleuris. Socles en bois.

40 — Paire de vases forme olive, fond vert, craquelé. Support en bois.

41 — Deux vases, décor de cinq couleurs à personnages, bordure quadrillée vert sur fond jaune. Socles en bois.

42 — Paire de petits cornets, décor fleurs de pêcher en blanc et vert sur fond noir. Socles en bois.

43 — Paire de petites bouteilles, décor en blanc sur fond rouge corail à branchages fleuris. Socles en bois.

44 — Paire de vases, décor de volatiles perchés sur des branchages fleuris. Socles en bois.

45 — Paire de vases à quatre faces, décor de cinq couleurs à scènes familiales, anses rouge corail.

46 — Paire de bouteilles, décor entrelacs fleuris sur fond noir. Socles en bois.

47 — Deux bouteilles, décor en émaux de couleur de la famille verte, volatiles et fleurs. Socles en bois.

48 — Paire de gourdes, décor à chimères et dragons sur fond jaune impérial. Socles en bois.

49 — Paire de vases, décor à réserves de fleurs et objets d'ameublement sur fond bleu pâle à dessins gravés. Socles en bois.

50 — Deux cornets décorés de médaillons à animaux sur fond vert pointillé noir et ornés de fleurs polychromes. Socles en bois.

51 — Paire de vases, décor représentant une femme offrant un vase à un dignitaire. Socles en bois.

52 — Paire de petits vases décorés de volatiles sur un rocher. Socles en bois.

53 — Deux vases offrant des médaillons de paysages, réservés sur fond jaune impérial ornés de fleurs et de papillons. Socles en bois noir.

54 — Deux grands cornets, décor représentant dans le haut le Dieu des Enfants et des personnages, et dans le bas des mandarins sur une terrasse regardant courir des cavaliers. Socles en bois.

55 — Paire de vases, décor en émaux roses et polychromes représentant une dame assise dans un pousse-pousse rencontrant un cavalier et d'autres personnages. Socles en bois

56 — Paire de petits vases, décor arbustes fleuris, volatiles et papillons. Socles en bois.

57 — Paire de petits vases, décor en vert sur fond noir. Socles en bois.

58 — Paire de cornets, décor à palmes et cachets. Socles en bois.

59 — Paire de vases, décor à réserves d'arbres fleuris sur fond d'entrelacs rouge. Socles en bois.

60 — Deux vases décorés d'arbustes fleuris et volatiles sur fond rouge corail. Socles en bois.

61 — Deux jardinières de forme rectangulaire décorées de médaillons d'arbustes fleuris sur fond vert pointillé de noir, sur socles en bois noir.

62-63 — Quatre vases, décor à fleurs sur fond émaillé bleu. Socles en bois.

64 — Paire de vases, décor à fleurs sur fond émaillé bleu. Socles en bois.

65 — Paire de vases, décor en relief à personnages conduisant des chevaux sur fond noir. Socles en bois.

66 — Paire de vases rouleaux à réserves de fleurs et branchages sur fond noir et vert. Socles en bois.

67 — Paire de vases décorés de fleurs de pêcher sur fond vert pâle. Socles en bois.

68 — Deux pots avec couvercles, fond vert craquelé, socles en bois.

69 — Deux vases rouleaux, décor à réunion de dames dans un paysage, socles en bois.

70-71 — Quatre petites bouteilles décorées de chimères en polychrome sur fond blanc, socles en bois.

72 — Paire de petites potiches décorées de fleurs roses sur fond noir et vert, socles en bois.

73 — Paire de bouteilles décor de cinq couleurs à lambrequins et branchages, socles en bois.

74 — Paire de bouteilles décor à lambrequins et branchages rouges et vert, sur socles en bois.

75 — Paire de vases de la famille rose, décor de volatiles et fleurs, socles en bois.

76 — Paire de pots avec couvercles décor à réserves d'objets d'ameublement et volatiles sur fond rouge corail fleuri, socles en bois.

77 — Paire de vases à petits goulots dessin lambrequin vert à fleurs, socles en bois.

78 — Deux vases avec couvercles décorés d'arbres fleuris et volatiles sur fond noir, socles en bois.

79 — Paire de potiches décor à réserves de dragons sur fond noir et vert rehaussé de fleurs roses, socles en bois.

80 — Paire de potiches décorées en blanc de branchages fleuris sur fond rouge, socles en bois.

81 — Deux potiches décor famille verte à oiseaux de paradis au milieu d'entrelacs fleuris, socles en bois.

82 — Paire de vases décor à objets d'ameublements sur fond noir, socles en bois.

83 — Paire de vases rouleaux offrant un personnage présentant un enfant à un dignitaire, socles en bois.

84 — Paire de vases formes boules décor à médaillons de corbeilles fleuries et papillons réservés sur fond bleu, socles en bois.

85 — Deux potiches formes boules décor à personages et coqs et d'inscriptions, socles en bois.

86 — Paire de grands cornets décor en polychrome à fleurs volatiles et médaillons, socles en bois.

87 — Paires de gourdes décor à fleurs et volatiles, socles en bois.

88 — Paire de potiches décor de médaillons à branchages fleuris vases et chimères, socles en bois.

89 — Deux théières avec anses forme chimères.

90 — Deux théières avec médaillons à personnages.

91 — Paire de potiches décor représentant des dames au milieu d'enfants, socles en bois.

92 — Gourde à décor très fin d'un parterre d'une multitude de fleurs, socle en bois.

93 — Gourde fond vert, socle en bois.

BRONZES — MARBRES

94 — Paire de vases ovoïdes en marbre fleur de pêcher, à ornements et culot feuillagé en bronzes ; anses à serpents enroulés.

95 — Groupe en bronze : l'Amour enchaîné, de Drouot.

96 — Groupe en bronze : le Berger Jupille, par Truffot.

97 — Statuette d'Arlequin en bronze, par P. Dubois.

98 — Statuette en bronze : Marin vainqueur, par Ferrari.

99 — Groupe en bronze : taureau et chien, de Carsadri.

100 — Garniture de cheminée composée d'une pendule en marbre blanc, surmontée d'une figure de poète en bronze et deux candélabres à cinq lumières.

101 — Petit bougeoir ancien.

102 — Statuette de divinité en ancien bronze chinois.

103 — Lampe de salon en cuivre.

104 — Paire de chenets Louis XIII en cuivre poli.

105 — Paire de flambeaux en bronze ciselé. Restauration.

106 — Buste de femme en marbre blanc, avec bouquet de fleurs dans la draperie.

OBJETS DIVERS

106 *bis* — Jeu d'échecs en laque noire et or pièces en ivoire sculpté. Travail chinois.

107 — Sabre japonais en ivoire sculpté.

108 — Paire d'épaulettes en filigrane d'argent.

109 — Coupe en émail fond noir lobée ; au centre saint Joseph portant l'Enfant Jésus.

110 — Plateau laqué, décor à fleurs et armoiries. XVIIe siècle.

OBJETS DE VITRINE

111 — Deux miniatures : portrait d'homme en habit rouge et de jeune femme. Epoque Louis XV, cadres en bois sculpté.

112 — Petite miniature ovale : portrait d'homme Louis XV en habit bleu et jabot.

113 — Miniature : portrait de femme en robe blanche décolletée avec écharpe jaune. Epoque Ier Empire, signée Lami, 1806.

114 — Miniature : portrait de femme en robe noire, le cou orné d'un collier de corail.

115 — Bonbonnière ronde en ivoire, couvercle orné d'un émail : le Petit Chaperon rouge.

116 — Paire de pendants d'oreilles en émaux de couleur rehaussés d'or ; monture, en argent.

117 — Pendentif en argent doré et repoussé d'époque Louis XVI.

118 — Chaîne de cou en argent doré ornée de treize petites boules ciselées à jour. Travail russe.

119 — Châtelaine en cuivre argenté. Epoque Louis XVI.

120 — Bracelet en lave et broche camée, coquille à tête de pomme, monture en cuivre.

121 — Paire de pendants d'oreilles Louis XVI en argent et strass.

122 — Broche en argent ajouré montée de roses et épingle de cravate en argent, strass et pierre verte.

123 — Broche en argent ciselé à pampilles, montée de turquoises et demi-perles.

124 — Deux pendants d'oreilles en argent doré et repercé. Epoque Louis XVI.

125 — Paire de boutons d'oreilles, boules or et améthystes et deux boutons d'oreilles or et corail.

126 — Bracelet porte-bonheur en argent doré et petit médaillon Louis XIII en argent ciselé.

127 — Pomme d'ombrelle en argent ciselé : tête d'aigle.

128 — Huit médaillons à bustes de personnage en verre soufflé de Nancy.

129 — Pendentif en argent doré orné de petites glaces taillées en diamants. XVIIe siècle.

130-131 — Deux paires de boucles d'oreilles et lot de bijoux divers de Chine.

132 — Coupe-papier chinois en ivoire incrusté de nacre.

133 — Deux vases en poterie chinoise.

134 — Porte-bouquets en albâtre sculpté.

135 — Bougeoir formé par un oiseau posé sur une tortue et boîte en cuivre émaillé.

136 — Quatre pipes à opium, sabre de Boxer et lot de sapèques.

137 — Chapelet avec boules en bois et en jade.

138 — Trois boîtes à thé en bois et fer peint.

139 — Lot de peintures sur papier de riz représentant des personnages chinois.

140 — Lot de six kakémonos.

141 — Six flacons ou soucoupes en porcelaine de Chine.

142 — Deux bols et deux bracelets en jade.

143 — Réchaud métal argenté et boucle en cuivre émaillé.

144 — Châtelaine, trois épingles de chapeau et deux agraffes en métal argenté.

145 — Neuf bols en bois gravé et garnis intérieurement en argent.

146 — Trois boîtes et plateau en laque de Chine, deux pierres gravées et deux cierges.

147 — Deux carquois en velours grenat avec ornements en bronze.

148 — Figurine de Bouddha en bambou sculpté.

149 — Théière en terre cuite, bouteille en verre bleu opaque et poupée chinoise.

150 — Quatre groupes d'animaux et de déesse en cuivre, terre cuite et bois sculpté.

151-158 — Huit groupes en bronze ancien de Chine, représentant des dieux et des déesses.

TABLEAUX

159 — BONHEUR (Rosa). Etude de cheval. Pastel.

160 — BONNINGTON (attribué à). Marine.

161 — BOUDIN. Marine. Etude.

162 — BOULARD (A.). Marine. Etude.

163 — CHÉRET. Femme masquée. Pastel.

164 — CLARY-BAROUX. Les Bords de la Seine à Paris.

165 — CORNILHE. Moines ligueurs.

166 — DAUBIGNY. Bords de rivière. Fusain.

167 — DAVID (école de). Scène de l'histoire romaine.

168 — ECOLE ANCIENNE. L'Avare.

169 — ECOLE ESPAGNOLE. Portrait de saint.

170 — ECOLE FRANÇAISE DU XVIIIe SIECLE.

La Nativité. Sanguine.

171 — ECOLE MODERNE. Paysage : Chasseur sur une route. Fusain.

172 — ECOLE DE 1830. Forêt de Fontainebleau.

173 — ECOLE DE 1830. L'Etable. Signé du monogramme C. T.

174 — GÉRICAULT (attribué à). La Mort de Lara (Lord Byron).

175 — GIDE. Femme Italienne.

176 — GIRARDON (E.). Nymphe des eaux. Aquarelle forme éventail. Cadre doré.

177 — GODARD. La Bonne aventure.

178 — GRÉVIN (attribué à). Mœurs parisiennes. Aquarelle.

179 — GRUYÈRE (LAURE). Le char de l'Amour. Peinture en grisaille.

180 — GUILLAUME (M.). Jeune femme à l'Eventail. Aquarelle.

181 — GUILLAUME. En avril ne quitte pas un fil. Aquarelle.

182 — GUILLAUME. Trop de sel ! Aquarelle.

183 — HUBERT-ROBERT. Paysage. Aquarelle.

184 — CHARLES-JACQUE. Etude. Dessin.

185 — L'ENFANT. Paysage avec vue de chaumière, paysage et chien. Sepia.

186 — MANET. Etude de femme.

187 — MONTICELLI (Attribué à). Rendez-vous dans un parc.

188 — NOIRÉ. Bon Saado (le désert).

189 — ORY. Femme se promenant dans un parc. Aquarelle signée.

190 — PELOUSE. Une rue à Cernay-la-Ville par un temps de neige.

191 — PENNE (O. de). Chiens de chasse.

192 — SABATIER. Vue de Paris. Sepia.

193 — SCHALKEN (Attribué à). Le Morceau de Violoncelle.

194 — STEVENS (Alfred). Marine.

195 — STEVENS. Marine.

196 — VALLÉ. La Sortie de l'Eglise. Sépia.

197 — VAN HOSCH. Le Port.

198 — VAN LAER (Attribué à). Le Charlatan. Cadre en bois sculpté et doré.

199 — WISSANT. Natures mortes. Deux pendants. Aquarelles.

200 — Peinture japonaise sur carton : Vase de fleurs.

201 — Deux gravures anglaises : Village Politicians et The Reut day 1814.

202 — Pièce en couleur : Portrait de François Barthélemy.

203 — Deux gravures d'après COURTIN. Sujets galants.

MEUBLES

204 — Grand palanquin tout en bois sculpté laqué rouge et doré à chimères, ornements et cachets. Travail chinois.

205 — Autel en bois naturel des Iles, sculpté.

206 — Modèle de temple chinois en bois sculpté et peint.

207 — Armoire Louis XV en bois sculpté.

208 — Commode Louis XV en marqueterie de bois ornée de bronzes.

209 — Table Louis XIII en bois sculpté à pied tors.

210 — Chaise en bois sculpté en marqueterie. Travail vénitien.

211 — Fauteuil directoire en bois peint blanc.

212 — Piano demi-queue de Boisselot en bois noir.

213 — Guéridon en acajou plateau à abattant.

214 — Petite glace, cadre en bois sculpté et doré Louis XIV.

215 — Servante en acajou orné de bronzes.

216 — Table en acajou à quatre rallonges.

216 bis — Deux fauteuils noyer sculpté recouverts d'étoffe.

217 — Lit divan avec matelas.

218 — Petit canapé genre oriental.

219 — Glace cadre laqué blanc. Style Louis XVI.

220 — Table en noyer.

221 — Huit chaises en acajou foncées de canne.

ÉVENTAILS, DENTELLES

ÉTOFFES, TAPIS

222 — Eventail en ivoire sculpté et peint d'époque Louis XV feuille gouachée à sujet galant.

223 — Eventail en ivoire, feuille en soie bleue et dentelle appliquée.

224 — Châle en dentelle noire de Chantilly.

225 — Châle en dentelle blanche de Chantilly.

226 — Ombrelle en dentelle de Chantilly monture en ivoire sculpté.

227 — Ombrelle en dentelle de Chantilly, manche en ivoire.

228 — Eventail en ivoire uni.

229 — Eventail en bois doré. Style Louis XIII.

230 — Eventail en bois de Santal sculpté feuille décorée de nombreux personnages, avec étui laqué. Travail chinois.

231 — Eventail sous verre.

232 — Manteau de mandarin en soie de Chine brodée d'or et de soie de couleur à décor de dragons et de fleurs.

233 — Gilet en soie de Chine brodé.

234 — Dessus de lit en satin de Chine orange orné d'une broderie.

235 — Trois oriflammes en soie de Chine jaune trois drapeaux chinois.

236 — Peau de panthère.

237-239 — Vingt-cinq bourses ou étuis en soie brodée de Chine.

240 — Sept éventails chinois, monture en os bois et laque.

241 — Eventail chinois orné d'une peinture à l'encre de Chine et deux étuis.

242-243 — Six paires de chaussures chinoises.

244 — Deux coiffures chinoises et une bavette d'enfant.

245-246 — Deux tapis longs en broderie de soie et d'or à dessin de fleurs sur fond rouge.

247-248 — Onze petits tapis ou couvertures de sièges en broderie d'or et de soie sur fond rouge.

249 — Trois petits tapis brodés sur étoffe de couleur beige.

250 — Objets omis.

www.ingramcontent.com/pod-product-compliance
Ingram Content Group UK Ltd.
Pitfield, Milton Keynes, MK11 3LW, UK
UKHW020223180726
13838UKWH00005B/2160